JANE DREWS

HASTE MOPPED, KANNSTE KOCHEN

LAPPAN

Jane Drews

Geboren: Ja
Gestorben: Nein
Verheiratet: Auch
Hochgedient von einer Sportlehrerin über Bildhauerei in Italien
zur soliden Liebhaberin der italienischen und französischen Küche.
Bis zum 19.03.1993 ausschließlich am Herd gekocht.
Ab dann auch an Krümmer und Tüte.
Auf Reisen in verschiedene Länder Rezepte
der lokalen Küchen aufgespürt und ausprobiert.
Höhepunkte meiner Leidenschaft sind Langstrecken und Schlemmertöpfe,
das Silvesteressen mit 12 Gängen (inklusive Kirchgang),
im Januar Grünkohlessen im Garten (nur die Harten kommen in den Garten),
wie überhaupt alle Einfälle von Freundesschwärmen,
die ich dann bekochen kann.

© 1995 Lappan Verlag GmbH · Postfach 3407 · 26024 Oldenburg
Zeichnung der Raubrübe: Milan Drews
Cartoons und Vignetten: Til Mette · Fotos: Jane Drews
Reproduktion: litho niemann + m. steggemann gmbh
Gesamtherstellung: Proost International Book Production, Turnhout
Printed in Belgium · ISBN 3-89082-546-X

Inhaltsverzeichnis

8	Einführung
14	Falttechnik
14	Befestigung
15	Praktischer Hinweis
16	Protektoren
17	Anmerkung
18	Was Ihr wirklich braucht
18	Schnellkochtöpfe
19	Kochgeschwindigkeitsregel
22	Fleischtöpfe
29	Eintöpfe
30	Fischtöpfe
32	Langstreckentöpfe
40	Schlemmertöpfe
55	Übersetzung

DER ANFANG

*Von den Fliegen
zwischen den Zähnen
konnte ich auf Dauer
nicht leben,
und die Imbißbuden
hatte ich irgendwann
auch satt, und so hat
dann alles angefangen ...*

Foto: dpa

... Ich dachte mir, wenn die Chinesen schon ein ganzes Schwein auf dem Fahrrad transportieren, könnte man ja auf dem Mopped das Schwein zum Kochen bringen oder nicht Schwein ...

Hauptsache „Haste, kannste" = Haste Mopped, kannste kochen.

... Und ich dachte mir, wie kriegen die bloß das Schwein auf dem Fahrrad gar?! Sie fahren, wie wir alle wissen, viel, doch so rechte Hitze will auf dem Fahrrad nicht

aufkommen, und so besann ich mich auf die alte chinesische Technik vom Vergraben. Das war es wahrscheinlich!!!
Schwein mit Fahrrad vergraben, und nach einem Jahr sehen, was daraus geworden ist. Ganz so, wie sie es mit den Eiern machen. Schön und gut.
Doch mein Motorrad vergraben mit Schwein?! Nein. Ist ja mein einziges!
Außerdem käme ich dann, weil abgemeldet, nicht von den 100 % Versicherung runter, und als Neuling wollte ich doch unbedingt fahren üben, und die Kurven ...

Plötzlich kam mir die Erleuchtung: die Kuchenbleche! (Im Polizeijargon Nummernschilder genannt.) Mit ihrer beachtlichen Größe müßten sie sich doch auch als Grillbleche eignen. Also abschrauben, auf die vorgeglühte Holzkohle, Würste draufpacken und - Und? Es fängt fürchterlich an zu stinken, die TÜV-Plakette schmilzt, der Landkreis Wolfenbüttel verbrennt. Das war's wohl nicht!!

Nachdenken war angesagt. Es mußte einen Trick geben ... Ich startete den nächsten Versuch ...

Doch recht erfolglos waren meine ersten Fahrten. Ich merkte erst einmal, was man zum Kochen so alles braucht und dann auch noch die größten Probleme hat, **selbst** einen Platz auf dem Motorrad zu ergattern ... Und dann die Kurven ...

... Grübel, grübel und studier - der Chinese mit dem Fahrrad und dem Schwein kam mir nicht mehr aus dem Sinn! Was wollte er mir sagen?
Plötzlich wurde mir klar: Vergiß die Töpfe und Pfannen - am Motorrad ist doch schon alles dran! Auspuff, Krümmer - und alles wird heiß!! Heiß genug,
um zu kochen! Der Chinese hatte nur ein Fahrrad mit Dynamo, ich ein Motorrad, eine Kochkarre! Das Glück war auf meiner Seite! Die Idee war geboren!
Doch wie und wo war das Schwein zu befestigen? Keinesfalls im ganzen!
Und schon gar nicht mit Bindfaden! Sonst fällt es irgendwann auf die Schnauze!
Also Draht! Und Alufolie! Und ran an die Tüte!
Und so ging es am 19.3.93 auf die erste Teststrecke. Voller Zweifel fuhr ich los. Noch war alles Theorie. Doch Schwein muß man haben!!!
Hier das Rezept:

Glücksschwein

150 g Schweinenacken
Zwiebelringe
grober Pfeffer *(ich bevorzuge Java-Pfeffer, und immer frisch gemahlen)*
Salz

*Das Fleisch würzen, mit Zwiebelringen belegen, in die Folie und mit Draht am Auspuff befestigen.
Kochzeit bei gemütlicher Fahrt über die Dörfer: ca. 23 km.
Gefahren auf Yamaha XS 400 und Honda XL 500 S.
Und es funktionierte!!!*

Falttechnik

Ihr braucht Alufolie (wenn möglich extra starke, sonst doppelt nehmen).
Wickelt die Folie zweimal um euer Essen, dann knick - falt an den Rändern - und schon ist die Sache eingewickelt, wie beim Butterbrot!
Nun zur Sicherheit eine zweite Folie darum, diese auch knicken und falten.
Zugegeben - es kann schon mal Fett oder Bratensaft aus der Folie
auf den Auspuff tropfen. Dann überprüft eure Wickeltechnik oder haltet euch
an meinen Spruch: Ein gebrauchter Colt hat auch seine Schmauchspuren! Außerdem gibt es ja auch noch Wasser und Seife - oder einen verregneten Sommer wie 1993!

Befestigung

Für das Umwickeln dünner Fleischstücke war Draht ein wenig aufwendig.
Da war ja nicht viel festzuhalten, es mußte doch noch eine einfachere Methode geben!
Oh, Chinese, bitte sag was ... ! Fahllad ... Fahllad ...! Ja, richtig,
wie konnte ich denn das nur vergessen. Beim Fahrradfahren braucht man doch
H o s e n k l a m m e r n !! Genau sie waren es, um das Fleisch am Auspuff festzumachen. Das löste aber noch nicht die Probleme am Krümmer.
Ich durchforschte die Baumärkte, fand aber nichts Geeignetes.
Fündig wurde ich dann im Supermarkt:
R o u l a d e n k l a m m e r n! Ideal für Bratwürste, Fischstäbchen, Scampis - kurz für alles, was dünn ist.

Praktischer Hinweis

*Betrifft bauliche Veränderung zwecks Eintragung in den Brief: Bitte meldet euer so verkleidetes Moped **nicht** beim TÜV an, sonst wird das Essen schlecht!! Hier ausnahmsweise und nur zum besseren Verständnis die Anbringungstechnik ohne Folie.*

Besser ist alubeschichtetes Styropor. Das wird auch zur Isolierung hinter Heizkörper gesteckt und ist im Baumarkt zu finden. Oder reißt eine Styroporplatte aus der Deckenverkleidung und legt sie zwischen Alufolie, das kommt besser als das Ding an der Decke!

Anmerkung

Alle hier beschriebenen Rezepte habe ich ausprobiert und sind mir auch gelungen. Oft war die Geheimhaltung schwierig (wie bei Testfahrten von Erlkönigen), besonders in Städten, wo man gemeinsam mit anderen Mopedfahrern vor der Ampel wartet, das Essen so wunderbar duftet und der Auspuff eine sichtbar andere Form angenommen hat. So kann ich fast nur von meiner Yamaha XS 400 Bj. 83 berichten. Seid neugierig auf eure Maschinen, wickelt alles an die Tüte, was euch Spaß macht und was ihr gern eßt. Es wird, wenn ihr wißt, wie euer Auspuff, euer Krümmer reagiert, gelingen. Wen mal nicht, nicht verzagen! Beim Schrauben gebt ihr doch auch nicht so schnell auf.

Oder haltet euch an das Gedicht von Eugen Roth:

Das Schnitzel

Ein Mensch, der sich ein Schnitzel briet,
Bemerkte, daß ihm das mißriet.
Jedoch, da er es selbst gebraten,
Tut er, als wär es ihm geraten,
Und, um sich nicht zu strafen Lügen,
Ißt er's mit herzlichem Vergnügen.

Protektoren

Diesmal in anderer Funktion: nicht das Knie schützen, sondern das Essen heiß halten.
Die Auspüffe an den Motorrädern haben unterschiedliche Temperaturen.
Bei der Honda XL 500 S z. B. ist die Hitze auf Kurzfahrten recht kläglich.
Abhilfe brachte der Asbesthandschuh als Protektor - soll aber nicht so gesund sein!

Was ihr wirklich braucht

Hier eine Zusammenfassung für alle diejenigen, die wieder mal nicht aufmerksam gelesen haben:
Alufolie, *extra stark*
Blumendraht, *Rödeldraht*
Protektor *(siehe Seite 17)*
Kneifzange
Handschuhe *(wenn ihr „abgesägte" tragt, laßt euch was einfallen, das Essen ist heiß!)*
Super fürs Anbringen an Krümmer und Tüte: **Rouladenklammern/Hosenklammern**, *d i e Schnellverschlüsse*
Gewürze
Öl *(kein Maschinenöl!)*
... und ein **Messer** *braucht ihr auch noch. Alles weitere, wie z. B. Teller und Besteck, nach Lust und Laune. Anbringungsweise: siehe Foto Seite 15*

Schnellkochtöpfe

Für absolut Ahnungslose: Nicht zu verwechseln mit schnell fahren!
Ist - weil sich schon ein anderer um den Geschmack gekümmert hat
- sehr spontan zu essen. Ich meine die Tiefkühlkost (hat nicht immer was mit köstlich zu tun), Abkürzung „TK". Die Gefriertruhen sind randvoll, greift rein, doch von Pommes laßt die Hände weg, sie werden eine schlaffe Katastrophe.
Auf den nächsten Seiten eine kleine Auswahl, den Rest müßt Ihr selbst rausfinden.
Wichtig ... wichtig ...! Vorher nicht auftauen, sofort an die Tüte!
Den Draht sehr fest um das Gefrorene wickeln, evtl. mal nachspannen.

Kochgeschwindigkeitsregel

Jetzt kommen endlich die Rezepte!
Doch denkt daran, je schneller Ihr fahrt, desto schwärzer das Essen!! Diese These wurde erst durch die Testfahrt von Bernd auf seiner Le Mans 850 untermauert. Das einfache Rezept B.M.W. ging total daneben. Nach nur 21 km bestätigte sich wieder einmal Bernds Lebensweisheit: ... Farbe egal - Hauptsache schwarz!! Rezept B.M.W. Seite 25

TEMPO

Route Sixty-six *(TK-Westernsteak)*

Für alle, die gen Western fahren, dort, wo die Sonne untergeht (muß nicht immer Amerika sein, aber Western! Steht ja auch drauf!) Wegweiser: Trefft ihr einen Riesen, achtet auf den Stand der Sonne, denn bei sinkender Sonne werfen selbst Zwerge lange Schatten! Kochzeit: 33 km, Protektor und mit Yippy yeah an die Tüte.

Gerader Fischstab am Krümmer

Mehrere tiefgekühlte Stäbe in Folie wickeln, mit Rouladenklammern am Krümmer befestigen. Sollen sie auf beiden Seiten braun werden, müßt ihr sie wenden. Vorsicht, heiß! Handschuhe anlassen.
In den Tankrucksack gehört: Salz, Zitrone und Mayonnaise
Kochzeit: 27 km.

Wahre Liebe Frei nach Ringelnatz:

„Ich habe dich so lieb!
Ich würde dir ohne Bedenken
eine Zündkerze aus meinem
Motorrad schenken."

Erzählt aber nicht gleich, daß die Kerze sowieso ausgewechselt werden mußte.

Schraubers Stoßgebet

Das darf doch nicht wahr sein! Nicht schon wieder!! Und wenn ihr bei diesem Essen nicht mal nachspannt, könnt ihr das Essen auf der Rückfahrt suchen. (Nun habt ihr Grund, den ersten Satz zu wiederholen.)

TK-Gyros, wegen Sperrigkeit in zwei Hälften geteilt
(geht gut mit Beil), an jeden Auspuff ein Teil
Gewürzsalz, Zaziki ist super dazu
Kochzeit: 50 km, nach ca. 20 km den Draht nachspannen, Protektor.

Bürgerschreck

Gibt es als kompletten Satz unter der Bezeichnung „TK"- Hamburger zu kaufen. Den Aufprallschutz, auch Brötchen genannt, an das hintere Ende des Auspuffs drahten, dort ist es nicht so heiß.
Nehmt Röstzwiebeln und Ketchup oder andere Lieblingssaucen mit.
Kochzeit: 30 km.
Protektor (Gemütliche Fahrt, darf ruhig Richtung Hamburg sein!)

Führungswellen (alte Schreibweise)

Seit wir die chinesischen Restaurants haben, nur noch unter dem Namen „Frühlingsrollen" bekannt. Ihr nehmt die tiefgekühlten.
Kochzeit: 30 km. Vergeßt die Sojasauce nicht! Und dann ab ins Glüne!

Wo die Würste herkommen ...

Da alle Motorradfahrer volljährig sein müssen, habe ich mich entschieden, das überaus gewagte Foto mit in das Buch aufzunehmen.
Dieses seltene Naturschauspiel, bei dem in dieser Phase äußerst scheuen Motorrad, dazu noch in freier Wildbahn, ist zuvor noch nie fotografiert worden!

Ab jetzt wird alles frisch gekauft. Haltet beim Fleischer oder Supermarkt. Doch denkt daran - ein Sprichwort sagt: „Der Mensch ist, was er ißt!"
Wenn euch unterm Helm einer angrunzt, seid ihr es selbst und habt zu oft an Schweinkram gedacht! Abhilfe und Abwechslung bringen die Gemüsetöpfe, zu finden unter „Schlemmertöpfe".
Profis wissen: Moppedtreffen oder Treffen mit Kumpels sind hart. Ob Monden- oder Sonnenschein, den kleinen müden, verquollenen Augen zuliebe Sonnenbrille auf und auf keinen Fall absetzen:

Hauptsache schwarz

1 daumendickes Rumpsteak
grober Pfeffer,
Hauptsache schwarz und viel
*(zur Farbbestimmung
Brille leicht anlüpfen)*
Salz
Öl

*Fleisch auf die Folie,
einölen, salzen
und viel grober
Pfeffer dazu.
Kochzeit: 31 km
auf meiner Yamaha.*

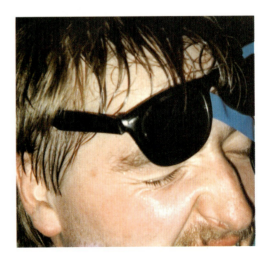

LEBERKÄSE

PUTE

Mit oder ohne

Leberkäse (je nach Hunger)
Zwiebelringe (je nach Lust)
Öl (geht auch ohne)

Öl auf die Folie, Leberkäse mit oder ohne Zwiebelringe einwickeln.
Kochzeit: 39 km.
Protektor (geht auch ohne) - a b e r   u n b e d i n g t
mit einem Jolladihüüdi auf den Lippen - durchs Bayernland
(geht auch ohne).

Gruppenfahrt

1/2 Putenbrust zu einer Gruppe zusammenwürfeln
2 Eßlöffel Öl
Salz
Pfeffer
2 Teelöffel getrocknete Kräutermischung
2 Knoblauchzehen, *frisch gepreßt*

Die Pute schon auf der Folie einölen und gut würzen. Gebt euch beim Einwickeln Mühe, die Gruppe zusammenzuhalten! Mit Protektor an den Auspuff.
Kochzeit: 52 km Yamaha XS 400,
           66 km Honda XL 500 S.

B.M.W.

Der Klassiker unter den Fleischtöpfen!
Es wird wohl niemanden geben, der sich nicht schon einmal vom Charme dieses Gerichtes hat einfangen lassen.
Abkürzungen sind das halbe Leben, sagte schon der Imbißbudenpräsident und plauderte munter drauflos:
Wischni ... Jäschnipo ... Zigschni ... Cypo mit Schranke ...
Ich verstand nur Bahnhof, und als er mit Bottroper Platte und Köhla so richtig in Fahrt kam, dann auch noch von 'ner Runde Fleischroulette redete, verließ ich den Laden. Hier wäre ich stehenden Fußes verhungert!
Leider konnte ich, wegen des Redeflusses, der ungebremst durch den Raum laberte, nicht meine B.M.W. loswerden. Der Neid hätte ihn erblassen lassen, denn kürzer geht es kaum noch.
Und dann noch in „S Power"-Version!
Jetzt ganz exklusiv für euch:
B. ohne Protektor an den Krümmer
M. und
W. dazu essen
„S Power" griffbereit haben, einfach „S" genügt auch
Kochzeit: 28 km Yamaha XS 400
   21 km full speed für alle die, die B.M.W. schwarz mögen.
   Übersetzung aller Abkürzungen auf Seite 53

Cordon bleu à la Marga

Ein Favoritenessen von Bernd.
Wie diese Speise funktioniert, weiß ich leider nicht, denn er ißt,
wenn er ißt, am liebsten, was seine Mutti kocht, und Marga hat mir
das Rezept nicht verraten! Hier aber die Telefonnummer von ihr: 1409.
Ich habe es mir sehr einfach gemacht, bin in einen Supermarkt gegangen
(lag auf meiner Strecke) und habe ein fertiges Cordon bleu gekauft und
mit Hosenklammern an den Auspuff geklemmt.
Kochzeit: 40 km, Protektor.
Bis bald - und auf zu Marga!

Auf nach Kassel

1 Scheibe Kasseler Bauch oder Kotelett
kein Salz - Kasseler ist schon gesalzen
Tip: Als Beilage eignet sich „Sozias Beilage" hervorragend.
Kochzeit: 44 km.

„Die Freßlust gilt's im Nu zu zähmen,
Wenn die Gefahr droht, zuzunehmen!"

E. Roth

Spießruten

Für 4 Spieße:
300 g Rindfleisch
150 g durchwachsenen Speck
2 Zwiebeln, 1 Paprikaschote
Salz, Pfeffer

Außer Salz und Pfeffer alles grob würfeln und in bunter Reihenfolge auf die Spieße stecken. Damit sich die Spieße nicht durch die Folie bohren, eventuell mit Korken (keine Kronkorken!!!) schützen. Auf der Folie würzen, einwickeln, mit Protektor und - wenn ihr habt - Hosenklammern an die Tüte. Kochzeit: 39 km.
Wenn ihr aber lieber Spießruten laufen statt essen mögt, hier mein Tip: Voll aufgezäumt zum Mopedtreffen, und wenn alle dich bewundern, die Maschine abwürgen und auch allein nicht wieder ankriegen - jau, da kommt man mal so richtig ins Schwitzen!

Jedem das Seine

Würste nach eurem Geschmack an den Krümmer, Schlaffiebrötchen h i n t e n an den Auspuff, Röstzwiebeln und Lieblingssaucen mitnehmen. Kochzeit: 28 km.
Tip: Probiert in den verschiedenen Ländern die Wurstspezialitäten durch: z. B. Rostbratwürstel in Nürnberg, Frankfurter in der „Rocky Horror Picture Show", Wiener in Wien, Pariser in Paris.

Eintöpfe

Mit nur einem Topf seht ihr ziemlich alt aus, doch keine Panik, da sind noch die Krümmer! Mitleid müssen wir mit denen haben, die ein Mopped mit Vollverkleidung fahren, doch ein kleiner Fischstab wird auch hier ein Plätzchen finden.

Fischtöpfe
Nüchterne Forelle - nicht blau, Mann!

1 ganze frische, ausgenommene Forelle
Salz, Pfeffer (frisch gemahlen)
Öl, Zitrone
Gemüse, z. B. Mohrrüben gewürfelt, Zwiebelringe, Porreescheiben

Den Fisch salzen, pfeffern, mit Zitrone beträufeln.
Das Gemüse in den Fisch füllen, den Rest des Gemüses auf die Folie.
Öl über den Fisch gießen, aber nicht so viel wie beim Ölwechsel!!
In Folie verpacken und sehr gut verschließen, mit Protektor an den Auspuff.
Kochzeit: 48 km Yamaha XS 400, 60 km Honda XL 500 S.
Nehmt Zitrone und Salz zum Nachwürzen mit!

Am Haken hängt ein Kabel - jau!

(Seelachsfilet eignet sich auch gut)

Salz, Pfeffer, Zitrone
1 Eßlöffel Öl, je 1 Eßlöffel Dill, Petersilie - *feingeschnitten*

Fisch säubern, auf der Folie salzen, pfeffern, mit Zitronensaft beträufeln.
Dill und Petersilie rund um den Fisch, das Öl darüber.
Mit Protektor an die Tüte. Kochzeit: 30 km.
Fortsetzung folgt auf der nächsten Seite ...

Der Kabeljau

Das Meer ist weit, das Meer ist blau,
im Wasser schwimmt ein Kabeljau.
Da kommt ein Hai von ungefähr,
ich glaub von links, ich weiß nicht mehr,
verschluckt den Fisch mit Haut und Haar,
das ist zwar traurig, aber wahr. - - -
Das Meer ist weit, das Meer ist blau,
im Wasser schwimmt kein Kabeljau.

Heinz Ehrhardt

Aus der Tiefe ruf ich euch

oder aus der Tiefkühltruhe, Ihr Gambas, Scampis und Kaisergranaten. Egal, ob ausgezogen oder in Schale, nur nicht schon vorgekocht, dann werden sie zäh. Frisch oder gefroren mit

2 Eßlöffel Öl
2 Eßlöffel Petersilie, *gehackt*
2 Knoblauchzehen, *feingeschnitten*

In Folie wickeln, mit Protektor an den Krümmer.
Salz und Zitrone nicht vergessen mitzunehmen!
Kochzeit frisch: mit Schale 34 km, ohne Schale 25 km.
Kochzeit gefroren: mit Schale 46 km, ohne Schale 35 km.
Euch wird das Wasser im Munde zusammenlaufen bei diesem Duft ...
Überbrückt irgendwie die Zeit bis zum Essen - nur nicht mit zu schnellem Fahren. Sonst kann ich für nichts garantieren! Petri Heil!

Langstreckentöpfe

So sieht ein fachmännisch angebrachter Langstreckentopf aus. Irgendwie schön - oder?

Übrigens habe ich mal die Temperatur im Inneren des Fleisches gemessen: 80 Grad, Herr Siebeck würde sich freuen. Und in der Tat ist das Fleisch außergewöhnlich zart!!

Jetzt könnt ihr so richtig loslegen, Hauptsache weit fahren und einen Bärenhunger dazu. Laßt nicht immer andere für euch kochen. Wie wär's - bringt das fertige Essen zur Einladung mit!
Wichtig ... wichtig ... Fleisch immer im Stück und mit Speckscheiben umwickeln. So verbrennt es nicht und bleibt schön saftig.

Verregnetes Sommerschwein

600 g Schweinekotelett im Stück *(aus dem Knochen lösen lassen)*
150 g durchwachsenen Speck *(in dünnen Scheiben)*
3 - 4 Knoblauchzehen *(gehackt oder in dünnen Scheiben)*
Salbei frisch *(getrocknet geht auch)*
Salz
Pfeffer *(hoffentlich wißt ihr, was eine Mühle ist, ich meine nicht eure Karre!)*

Fleisch mit Salz, Pfeffer, Knoblauch und den ganzen Salbeiblättern rundherum würzen. Die Speckscheiben darum wickeln. Gut in Folie verpacken, mit Protektor und Draht sorgfältig am hinteren Teil des Auspuffs befestigen.
Kochzeit: 100 km, dann wenden und weitere 100 km.
Tip: Total verregneten Tag aussuchen und dann trotzdem losfahren. Der Sommer 93 war das ideale Wetter für dieses Rezept. Funktioniert wahrscheinlich auch bei Sonne.
Krautsalat, Kartoffelsalat oder Brot passen sehr gut zum Fleisch, schon unterwegs einkaufen.

Leider kein Elch …

Den unerfahrenen Elchsammlern unter euch verrate ich diesen alten Schwedentrick (hat auch eine lange Tradition in Norwegen und Finnland): Elch finden und sicherstellen, daß er am Baum lehnt und tief schläft! Säge raus - Baum umsägen - Elch einsammeln. Wer hat schon eine Säge dabei?! Noch einfacher geht es bei diesem

Langstreckenbraten

600 g Roastbeef, *im Stück finden, absichern, daß es gut abgehangen ist. (Sonst ist es so zäh wie eine alte Lederkombi.)*
150 g fetten Speck *(in dünnen Scheiben).* Salz, Pfeffer *(gerne grob und frisch)*

Roastbeef schon auf der Folie würzen und mit Speckscheiben belegen. Gut verpacken, mit Protektor und Draht an den hinteren Teil des Auspuffs. Kochzeit: 97 km, dann wenden und weitere 97 km. Jetzt ist das Fleisch gut durchgebraten. Ich bevorzuge allerdings insgesamt 150 km.

Kickstarters Trauma

„Ach, der Zeiten gern gedenk ich
als die Glieder noch gelenkig
bis auf eins.
Ach, die Zeit kehrt niemals wieder
fest und steif sind alle Glieder
bis auf eins."

Ist von Goethe

Der Schrecken eines Vampirs

Seine Beißerchen müßt Ihr bei diesem Essen nicht mehr fürchten. Nun könnt Ihr euer Halstuch getrost abnehmen ... Na? ... Und? ... Ist da etwa was zu sehen? ... Nein! Habe ich doch gesagt, nicht die kleinste Bißwunde!! Ja, da seid ihr den anderen weit voraus, denen, die nie auf ihr Tuch verzichten können! Das beste für dieses Rezept ist der S o m m e r k n o b l a u c h , frisch und knackig!

1 ganze (oder mehrere) Knollen in die Folie, an den Krümmer.
Bei einer Zigarettenpause drehen, beim Tanken wenden,
dann auf's Brot/Weißbrot streichen.
Es darf auch gern Butter oder Olivenöl auf dem Brot sein und etwas Salz.
(Ist gut für euch, dem Vampir egal!)
Kochzeit: 200 km,
ohne Protektor.

Grüne Sprossen - schlaflose Nächte

Gerade noch rechtzeitig, knapp vor Beendigung dieses Buches, habe ich im „Zeit"-Magazin bei Herrn Siebeck etwas Interessantes gelesen.
Mit diesem Rezept geht ein Herzenswunsch eines jeden Motorradfahrers in Erfüllung.
Der Hit vom W i n t e r k n o b l a u c h sind die grünen Sprossen, denn - so war zu lesen - „ißt man die Keime mit, schläft man garantiert schlecht".
Ist das nichts? Schlaflose Nächte sind willkommen beim Motorradtreffen!

Asphalt-Tigers Keule

ca. 600 g Putenbein, Butter - *pi mal Daumen*
2 Eßlöffel Petersilie, *gehackt*, getrocknete Kräuter
z. B. Rosmarin, Majoran, Salbei - *zwei Schnapsgläser voll*
(die Kräuter dürfen auch gerne frisch sein,
dann aber mehr nehmen, z. B. 1 Weinglas voll)
3 Knoblauchzehen, *feingeschnitten*, Salz, Pfeffer
Die Kräuter mit der Butter mischen. Wenn ihr geschraubt habt, spätestens jetzt die Hände waschen, weil die Haut der Pute vom Fleisch gelöst werden muß (nicht abziehen). Geht sehr einfach, indem ihr der Pute mit den Fingern unter die Haut fahrt. Das kennt ihr doch, wie beim Pullover! Nun die Buttermischung zwischen Haut und Fleisch. Gut einwickeln, mit Protektor und Draht am hinteren Teil des Auspuffs befestigen. Kochzeit: 250 km, das Wenden auf ungefähr der Hälfte der Strecke nicht vergessen!!

Nehmt es uns nicht übelchen, wir sind nur
kleine Zwiebelchen

kleine Zwiebeln, *nicht abgezogen*, 2 Eßlöffel Öl
Die Zwiebeln gut einölen und in die Folie wickeln. Ohne Protektor am Krümmer befestigen und mitfahren lassen. Zwischendurch - wie beim Knoblauch - drehen und wenden. Es macht nichts, wenn die Schale braun wird, das Innere ist wichtig. Paßt köstlich zu Fleischgerichten. Kochzeit: 140 km.

Sugarbeets Spezialplatte

Menue

Kolben auf Blattsalat

*

*Jungschrauben, frische Champignons
und Schnittlauchstengelchen*

Vergaser an frischem Sommergemüse

*

*Wildbeeren-Variationen
in leichtem Motoröl auf Eis*

Schlemmertöpfe

Für die, die Spaß am Kochen haben, genau das Richtige! Achtung, für Ungeübte gibt es auch ganz einfache Rezepte, federleicht herzustellen. Die Lieblingsspeise von dem Honda XL 500 S fahrenden Schwarzmilan, Gattung Greifvogel, lateinischer Name = Milvus migrans, ähnlich Rotmilan, doch weit weniger gegabelter Schwanz (unter der Lederhose allerdings nicht zu erkennen). Normalerweise fliegt er ... auch ohne Flens ... und ohne Honda ... Er ist sowohl Aasfresser als auch Feinschmecker (danke für die frische Maus!). Speziell für ihn dieses Rezept:

Coq au Flens

Hühnerbrust, je nach Hunger
3 Scheiben durchwachsenen Speck pro Brust
1 Mohrrübe, *gewürfelt*
1 Zwiebel, *gehackt*
50 g Champignons pro Brust, *in Scheiben geschnitten*
Knoblauch, *in dünne Scheiben geschnitten*
Petersilie, *gehackt*, 1 Eßlöffel Cognac
Salz, Pfeffer - *dreht ausnahmsweise mal an der Pfeffermühle*

*Das Fleisch schon auf der Folie würzen, Speck um die Brust und auf die Hälfte des Gemüses legen. Das restliche Gemüse und den Cognac (Weinbrand tut es auch) darüber. Sehr gut verschließen!
Kochzeit: 49 km, Protektor. Und jetzt ... jetzt ... Flens - aber bitte nicht über das Fleisch gießen, das wäre Sünde, sondern, wenn alles fertig ist, dazu - aber das reichlich ... schwulp ...!*

Nach dem Coq au Flens

Es gibt immer ein Danach, doch fällt es nicht immer so schrecklich aus wie nach diesem Rezept. Frei nach Carstens Motto: Kurze Hosen an, aber saufen wie ein Großer!

Was eine Schnecke betrübt oder Zechers Alptraum

„Wenn du einen Schneck behauchst,
schrumpft er ins Gehäuse,
wenn du ihn in Kognack tauchst,
sieht er weiße Mäuse."

Ringelnatz
(ist keine Motorradmarke, sondern ein deutscher Dichter!!) Ähnlichkeiten sind rein zufällig.

Sozias Beilage

gesellt sich gern zum Fleisch

250 g Champignons oder andere Pilze
viel Petersilie *(gehackt)*
Salz
Pfeffer
Öl
wer mag auch Speck

Alles zusammen in die Folie.
Kochzeit: 26 km.
Ohne Protektor, mit Hosenklammern am Auspuff befestigen

Präsi-Topf

Statt euren Präsi ständig durch den Schlamm zu ziehen, kocht lieber mal was für ihn. Wenn ihr ihn sehr mögt, nehmt mehr Fleisch als angegeben

1 Scheibe Rumpsteak *(3 cm dick)*
80 g Speckscheiben, *durchwachsen*
1/2 Zwiebel, *gewürfelt*
1 Knoblauchzehe, *gehackt*
1 kleine Tomate, *gewürfelt*
4 Backpflaumen, *gehackt*
10 Pinienkerne
1/4 Teelöffel getrockneten Thymian
1/4 Lorbeerblatt
Salz
Pfeffer

Die Fleischoberfläche durch Klopfen oder heftiges Ziehen vergrößern.
Außer den Speckscheiben die gesamten Zutaten in das Fleisch einrollen.
Mit Speck umwickeln, dann in die Folie und mit Protektor an den Auspuff.
Wenn Ihr jetzt noch Füllung übrig habt, wart ihr etwas knauserig beim Fleischkauf, wohl doch nur eine Scheibe Fleisch gekauft?
Kochzeit: lockere 48 km „um die Häuser".
Was tut man nicht alles, um den Präsi bei Laune zu halten.

Die böse Erfahrung mit
Steinmanns Hühnerbein

1 Hühnerbein
Öl, Salz, Pfeffer
Paprika edelsüß
Knoblauch (Knoblauchpresse oder feingehackt)
Rosmarinnadeln

Huhn auf die Folie legen, mit Öl bestreichen und mit allen anderen Zutaten einreiben. Gut verschließen, dabei darauf achten, daß der Knochen sich nicht durch die Folie bohrt. Mit Protektor an den Auspuff. Kochzeit: 34 km, dann wenden und weitere 34 km fahren

Eßverhalten

Ich hoffe inständig, daß Euch die Peinlichkeit des Herrn Steinmann erspart bleibt. Vor dem stand nämlich, als er genüßlich sein Hühnerbein verspeiste, ein recht zorniges Huhn mit einem Holzbein und sagte:

„Ich kenn Sie doch, ich kenn Sie doch:
Sie sind Direktor Steinmann!
Und was auf Ihrem Teller liegt,
ist immer noch mein Bein, Mann!"

aus dem Buch „Hier spricht der Dichter"
von Robert Gernhardt

Easy Rider

Eines meiner ganz persönlichen Lieblingsessen! Ganz easy zu machen!

Trockenpflaumen, *schon ohne Kerne kaufen*
gleiche Anzahl Mandeln
gleiche Anzahl geräucherte, dünne, durchwachsene Speckscheiben

Mandeln in die Pflaumen, Speck um die Pflaumen.
In die Folie, an den Krümmer, mit Rouladenklammern befestigen.
Kochzeit: geht ganz schnell - 17 km.
Fahrverhalten: take it easy und nicht zu fast.

Easy Ananas

Noch leichter zu machen!

Ananasstücke mit Speckscheiben umwickeln,
in die Folie, an den Krümmer.
Kochzeit: Route easy nehmen,
doch auch nicht mehr als 17 km.
Ohne Protektor

Übrigens: In einer geballten Faust sind alle Finger gleich!

Bikertraum

Tomaten, *klein und fest*
Petersilie, *feingehackt und soviel, um die ausgehöhlten Tomaten auszufüllen*
Knoblauch, *den ganz knackigen im Sommer (nicht sparen damit!) feinhacken*
1/2 Zwieback pro Tomate, *gerieben oder mit der Faust draufhauen (muß aber genauso fein werden)*
Olivenöl, *jedes andere Öl geht natürlich auch, nur kein Maschinenöl*
Salz, Pfeffer

Die Tomaten aushöhlen. Petersilie, Knoblauch, Salz, Pfeffer und Zwieback mischen und einen ordentlichen Schuß Olivenöl hinzugeben, in die Tomaten füllen. Den kleinen Deckel der Tomate wieder aufsetzen, gut in Folie einwickeln und mit Hosenklammern an den Topf.
Kochzeit: 24 km und immer dem Sonnenaufgang entgegen.
Schafft ihr das?! Um diese Zeit geht ihr gerade ins Bett oder schlaft noch.

Geisis Lieblingskohlrouladen

250 g Gehacktes, halb und halb
1 Brötchen oder Semmel-Brösel (dieser Name ist hoffentlich nicht geschützt)
1 Ei, 1 Zwiebel *(gewürfelt)*, etwas Senf
2 Spritzer Maggi, Salz, Pfeffer
Wirsing- oder Weißkohl, nur die äußeren Blätter

Die Kohlblätter mit heißem Wasser übergießen (sie lassen sich dann besser wickeln). Die Zutaten mischen und in die Kohlblätter wickeln ...

KOHL

... nicht binden. (Falls die Rouladen sehr groß geworden sind, Kochzeit verlängern!) Öl auf die Folie und einwickeln, mit Protektor an den Topf.
Kochzeit: 35 km gemütliche Fahrt.
Übrigens kocht das seine Lieblingsfrau Susanne auf ihrer Yamaha für ihren Lieblingscarsten.

Side Car

Ist auch ein Drink - hier das Rezept:

> 4 cl Cognac
> 2 cl Cointreau
> 2 cl Zitronensaft

Alle Zutaten miteinander verrühren. Was Ihr dann machen müßt, ist hoffentlich klar!

H. D. Bubenzer hat Amerika und Rußland gemixt. Dabei rausgekommen ist: „Road rocked mir". Die Adresse von ihm auf Seite 51.

Side Car Typ 3

Hier das Rezept zum Essen:

    1 kleine Aubergine, 1 Bratwurst (grob)
    1 kl.. Zwiebel *(feingehackt)*, 1 Knoblauchzehe *(feingehackt)*, Salz, Pfeffer

Die Aubergine halbieren, Fruchtfleisch aus beiden Hälften lösen und würfeln. Die Bratwurstmasse (ohne Pelle), Salz, Pfeffer, Zwiebel und Knoblauch mit dem Fruchtfleisch mischen und in die Auberginenhälften füllen. Fest in die Folie wickeln und mit Protektor an den Auspuff. Bitte nicht im oder am Beiwagen anbringen, ich schwöre euch: Das wird nichts! Kochzeit: 27 km, dann wenden und weitere 27 km.

Total gut drauf

Seit Anja und Reinhold im Sommer '93 ihren Motorradführerschein gemacht haben, sind sie so, wie das Essen heißt.

    250 g Rinderleber, Zwiebelringe, Apfelscheiben
    Salz, Pfeffer, Cumin (Kreuzkümmel) - *hat einen wunderbaren Geschmack*
    frischer Salbei *(die letzten beiden Zutaten sind kein Muß)*

Die Leber würzen, mit Apfel und Zwiebel in die mit Öl bestrichene Folie packen und mit Protektor an die Tüte. Kochzeit: 40 km. Doch Achtung, ihr beiden: Auch wenn ihr verliebt ins Motorradfahren seid, vergeßt die Leber nicht, sonst wird sie so schwarz wie eure Lederkombi!!

Choppers Sue

Hähnchenbrust ohne Haut (je nach Hunger)
Für mehrere Stunden einlegen in:

5 Teelöffel Sojasauce, helle oder dunkle
1/2 Eßlöffel Zucker, 5 Teelöffel Weißweinessig
1 Eßlöffel Sherry, *Aus der Marinade nehmen und mit*
Salz, Pfeffer, Ingwer *(frisch oder als Pulver), würzen.*

Mit Protektor an den Auspuff. Kochzeit: 39,6 km.
Aber immer Füße voran!

Sergeant Peppermint

pro Person
1 kleine Zucchini *(halbieren, Fruchtfleisch rauslösen und beiseite stellen)*
1/2 Eßlöffel Frühlingszwiebel, *feingehackt*
je 1/2 Eßlöffel Pfefferminzblätter, Dill und Petersilie, *gehackt*
20 g Greyerzer Käse, gerieben *(zur Not geht auch ein anderer Käse)*
etwas Schafskäse *(zerkrümelt)*, 1 Teelöffel Butter
Cayennepfeffer, Salz, frischer Pfeffer

Das Fruchtfleisch feinhacken, mit allen Zutaten gut vermischen, in die Zucchinihälften füllen. Die Zucchinis aufeinandersetzen und fest mit Folie umwickeln, damit die Hälften nicht auseinanderfallen. Mit Protektor und Hosenklammern an den Auspuff. Kochzeit: 31 km.

Hase Panier

1 Hasenrücken
80 g fetten Speck, *in dünne Scheiben geschnitten*
Salz
Pfeffer, *frisch gemahlen*
8 Wacholderbeeren, *zerstoßen*
Mohrrüben, Porree und Sellerieknolle *(gewürfelt)*, zusammen 3 Eßlöffel

Den Hasenrücken mit Wacholderbeeren und Pfeffer kräftig einreiben, salzen, den Speck um das Fleisch wickeln. Das Gemüse zum Hasen geben, in die Folie und mit Hosenklammern oder Draht befestigen. Protektor.
Kochzeit: 51 km.

Sugarbeets Gemüsetopf

500 g Gehacktes *(Rind und Schwein, Hauptsache halb)*
2 Brötchen *(in Wasser einweichen)*
1 Ei
2 Zwiebeln, *gewürfelt*
1 Eßlöffel Senf
3 Spritzer Maggi
Salz
Pfeffer *(nun dreht schon mal an der Mühle!)*
Petersilie, *gehackt*
Paprika, Tomaten, Gurken, kleine Zucchinis *(ungeschält)*

Das Gemüse entkernen, Gurken und Zucchinis dazu halbieren und aushöhlen, in ca. 10 cm lange Stücke schneiden. Den Fleischteig aus den oben aufgelisteten Zutaten zubereiten und das Gemüse damit füllen. Gurken und Zucchinis wieder zusammensetzen und sofort fest in Folie wickeln, damit sie nicht auseinanderfallen.
Kochzeit: 31 km.
Mit Protektor an die Töpfe und dann in Gemütlichkeit zum Raubrübentreffen!

GEMÜSE

HADERNDE GEMEINDESCHWESTERN, DENN IHNEN HAT DER HERRGOTT EIN MOPED VERSPROCHEN

SPRICHWORT

*Ach, übrigens - ein chinesisches Sprichwort sagt:
„Zeige mil dein Motollad und ich sage dil, ob du dalauf kochst."*

Übersetzung der Seite 25:

Wischni = Wiener Schnitzel
Jäschnipo = Jägerschnitzel/Pommes
Zigschni = Zigeunerschnitzel
Cypo = Currywurst/Pommes
Schranke = Rot/Weiß
Bottroper Platte = Currywurst/Pommes/Ketchup/Mayo
Köhla = aus dem Sächsischen, sprich Cola
„S" Power" = Löwensenf, extra scharf
„S" = Senf
B.M.W. = Bratwurst mit Weißbrot

Road rocked mir: H. D. Bubenzer, Alte Steige 16, 72070 Tübingen

... und das habe ich mit dem Hummer gemacht:

Er kam, wie es sich gehört, kopfüber in einen großen Topf mit kochendem Salzwasser. Darin ließ ich ihn ca. 20 Minuten garziehen. Nach dem Foto wurde er genüßlich mit einer Orangensauce verspeist.

MEINE ERINNERUNG AN DIE KOCHKÜNSTE MEINER MUTTER

Rezepte

12	Glücksschwein
20	Route Sixty-six
20	Gerader Fischstab am Krümmer
20	Wahre Liebe
21	Schraubers Stoßgebet
21	Bürgerschreck
21	Führungswellen
22	Wo die Würste herkommen
23	Hauptsache schwarz
24	Mit oder ohne
24	Gruppenfahrt
25	B.M.W.
27	Cordon Bleu à la Marga
27	Auf nach Kassel
28	Spießruten
28	Jedem das Seine
30	Nüchterne Forelle, nicht blau, Mann!
30	Am Haken hängt ein Kabel-jau
31	Der Kabeljau
31	Aus der Tiefe ruf ich Euch
33	Verregnetes Sommerschwein
34	Leider kein Elch/Langstreckenbraten

REZEPTE

34	Kickstarters Trauma
35	Der Schrecken eines Vampirs
35	Grüne Sprossen - schlaflose Nächte
37	Asphalt-Tigers Keule 29
37	Nehmt es uns nicht übelchen, wir sind nur kleine Zwiebelchen
38	Menükarte
40	Coq au Flens
41	Nach dem Coq au Flens
42	Was eine Schnecke betrübt oder Zechers Alptraum
42	Sozias Beilage
43	Präsi-Topf
44	Die böse Erfahrung mit Steinmanns Hühnerbein
45	Easy Rider
45	Easy Ananas
46	Bikertraum
46	Geisis Lieblingskohlrouladen
48	Side Car
49	Side Car Typ 3
49	Total gut drauf
51	Choppers Sue
51	Sergeant Peppermint
52	Hase Panier
52	Sugarbeets Gemüsetopf
55	Hummer

NOTIZEN

NOTIZEN

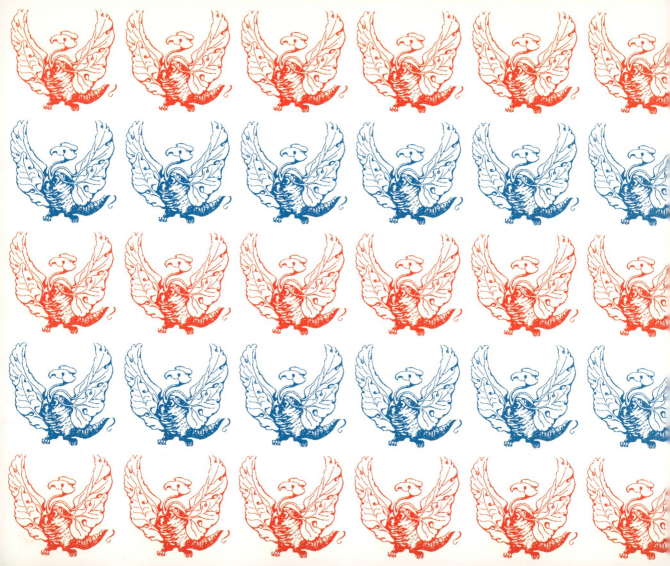